Gib niemals auf, egal wie hart es ist!

Als Mann musst du nicht stark sein, um deine Gefühle zu unterdrücken. Du kannst sie einfach annehmen und leben, denn du bist genauso verletzlich wie alle Wesen auf dieser Welt.

Michael Dettwiler

Michael Dettwiler

Gib niemals auf, egal wie hart es ist!

Bibliografische Information der Deutschen Nationalbibliothek:
Die Deutsche Nationalbibliothek verzeichnet diese Publikation
in der Deutschen Nationalbibliografie; detaillierte bibliografische
Daten sind im Internet über https://portal.dnb.de/ abrufbar.

© 2021 Michael Dettwiler
www.michael-dettwiler.com
Satz, Umschlaggestaltung, Herstellung und Verlag:
BoD – Books on Demand, Norderstedt

ISBN: 978-3-7526-1791-7

Inhalt

Wie alles begann 7
Wenn`s läuft, dann läuft`s 11
Abflug nach Kreta 15
Das ersehnte Wiedersehen 19
Es fängt an zu bröckeln 22
Der Stress kommt zurück 27
TV-Show „The Biggest Loser" 30
Das Ende kommt näher 35
Die Trennung 37
Der Tag danach 43
Das böse Erwachen 47
Die Entscheidung 53
Der Coach, der mit mir durch die Hölle ging 57
Die Prüfung 63
Tag X 65
Abflug in ein neues Leben 68

Danksagung 72

Wie alles begann

Im Sommer 2016 erreichte ich einen der Höhepunkte meines Lebens.

Ich hatte alles, was man sich unter einem geilen Leben vorstellen konnte. Ein sehr gutes Einkommen von Fr. 100.000.- pro Jahr, war körperlich fit, vollkommen bei mir selbst angekommen und liebte mich mit all meinen Kanten und Ecken. Ich war rundum zufrieden, vollkommen glücklich und mir wurde sehr viel Zeit geschenkt. Ich wurde damals aus meiner Festanstellung freigestellt und hatte für weitere 3 Monate mein Topgehalt mit allen Spesen und Zusätzen … Es war sehr angenehm, diesen Luxus genießen zu dürfen.

Natürlich nutzte ich diese Phase, um sehr viel Zeit mit meiner Tochter zu verbringen. Ich hatte eine perfekte Wohnung in der Nähe von ihr und nach einem kurzen Fußweg von knapp 5 Minuten konnten wir einander schon in die Arme nehmen.

Diesen Vorteil nutzte ich unter anderem auch, um mit Shayenne frühmorgens noch ein bisschen Sport machen zu können, bevor sie zur Schule gehen musste. Es war für sie nicht immer einfach, mit Papa um 6:30 Uhr vor der Türe zu stehen und ein bisschen Sport zu machen. Diese morgendliche Routine zogen wir als Papa-Tochter-Team über 2 Monate durch, aber irgendwann wollte sie lieber morgens etwas länger schlafen, wofür ich natürlich absolutes Verständnis hatte.

Da ich in dieser Zeit meines Lebens nicht nur genug Zeit, sondern auch genügend Geld hatte, entschied ich mich für 2 Wochen nach Los Angeles und San Diego zu fliegen, um dort ein paar meiner Freunde zu besuchen. Ebenfalls wollte ich mich wieder einmal im Ashram-Kloster blicken lassen, in dem ich im Jahr 2011 für ein paar Wochen gelebt hatte.

Also flog ich Mitte März für 2 Wochen in die USA und verbrachte die ersten paar Tage bei meinem Freund in Los Angeles. Ich lernte dort auch wieder neue Leute kennen und genoss natürlich Venice Beach, die leckeren Burger, die kühlen Drinks und die sehr offenen, partyfreudigen Amerikaner und die hübschen Frauen.

Leider waren die anderen Freunde zu diesem Zeitpunkt nicht in L. A., sondern so ziemlich in den ganzen USA verteilt und gingen dort ihrer Arbeit und ihren Lebensaufgaben nach. Da ich nur 2 Wochen Zeit eingeplant hatte und ja noch ins Kloster wollte, konnte ich leider nicht alle meine Freunde sehen, was ich sehr schade fand. Am Herzen lag mir aber auch der Besuch im Ashram-Kloster, das sich in der Nähe von San Diego befindet. Ich hatte seit 2011 und meiner Rückkehr in die Schweiz keinen von ihnen mehr gesehen, spürte jedoch trotz der Ferne immer ihre Nähe.

Nach der schönen, aber viel zu kurzen Zeit bei meinen Freunden machte ich mich nach ein paar Tagen auf den Weg nach San

Diego. Auch diese Weiterreise sollte etwas Besonderes werden, denn eins wollte ich schon immer mal in den USA erleben: Ich wollte dort mit dem Zug fahren. So beschloss ich, mir ein Zugticket nach San Diego zu kaufen, und startete meine Reise von L. A. Downtown nach San Diego. Der Zug fuhr an der Küste entlang und ich hatte natürlich ein Ticket für einen Fensterplatz gekauft, weil ich alles sehen wollte, was mir auf dem Weg begegnete.

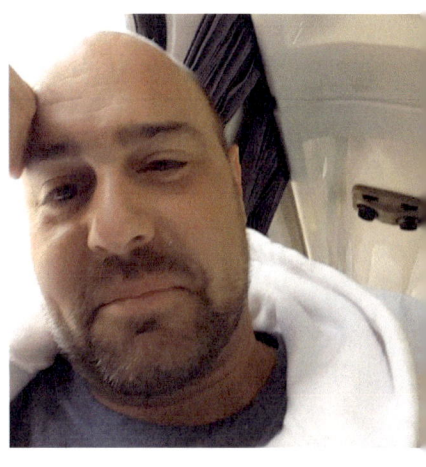

Ich erlebte sehr viele schöne und auch sehr traurige Momente. Leider kam es auf dem Zugabschnitt außerhalb von Los Angeles auf dem gegenüberliegenden Gleis zu einer Schießerei mit der Polizei. Der Zugführer konnte frühzeitig stoppen und so waren wir im Zug alle in Sicherheit.

Wie es aber üblich ist in den USA, werden solche Vorfälle kommentiert und dies tat auch der Zugführer. Er erzählte uns, was alles just in time passiert war. So erfuhren wir auch, dass in dem Moment ein Mann erschossen wurde. Dies war ein sehr komisches Gefühl für mich, aber leider an der Tagesordnung dort. Die Polizei hatte die Situation mittlerweile unter Kontrolle gebracht und so konnten wir nach 2 Stunden Zwischenaufenthalt weiterfahren.

Der Zug fuhr sehr langsam neben dem Tatort vorbei und der Lokführer entschuldigte sich dafür, dass die Leiche noch nicht abgedeckt war. Der Coroner / Leichenbestatter stand im Stau und war nicht rechtzeitig da, um das weiße Laken über die Leiche zu legen.

Von meinem Fensterplatz aus sah ich diesen Tatort leider aus der Nähe. Das schreckliche Bild des kurz zuvor erschossenen jungen Mannes werde ich nie wieder vergessen.

Ich versuchte die Bilder erst einmal wegzuschieben und mich auf die weitere Fahrt zu konzentrieren. Ich bekam als Geschenk der Natur die wunderschöne Küste zu sehen, den Ozean, die Sonne, den wunderschönen Strand, die Menschen, die mit spürbarer Lebensfreude den Tag am Strand genossen. Am liebsten wäre ich ausgestiegen und kurz dortgeblieben, aber ich wusste ja, was mich in San Diego erwartete, also genoss ich voller Vorfreude meine restliche Zugfahrt.

In Escondido angekommen, wurde ich von ein paar zukünftigen Freunden mit dem Auto in Empfang genommen und sie fuhren mich „nach Hause", ins Hidden Valley Ashram in Escondido.

Über meine Zeiten im Ashram erzähle ich gerne in einem weiteren Buch von mir.

Nach diesen 2 Wochen Auszeit in den USA bin ich sehr zufrieden und entspannt nach Basel zurückgekehrt. Mir wurde in dieser Zeit sehr bewusst, was für ein großartiges Leben ich hatte und dass ich aus allem Schlechten immer das Beste machen konnte, wie man die Zeit am besten nützt und sie auch sehr effizient gebrauchen kann.

Nun galt es für mich, auf dieser Welle weiter zu surfen und das Maximum aus allem rauszuholen. Ich baute mir ein tolles Umfeld auf und genoss ein sehr populäres Ansehen in den Social-Media-Kanälen.

Und wie es so ist im Leben, meinte das Universum es weiterhin sehr gut mit mir und schenkte mir jetzt zum vollkommenen Glück meine zweite große Liebe.

Wenn`s läuft, dann läuft`s

Ich habe damals angefangen, meine Berufung zu leben – als Coach zu arbeiten – und durfte einige Klienten in ein neues, bewusstes, erfülltes und glückliches Leben führen. Unter anderem kam auch Jennifer auf mich zu und suchte Rat bei mir. So wie ich es üblicherweise bei Klienten mache, bot ich ihr einen Video-Call an, während dessen wir uns ihr Thema genau anschauten, um dann herauszufinden, was sie wirklich benötigte.

So kam bald darauf der Tag unseres ersten Coachings und der Moment, an dem wir uns das erste Mal sahen. Trotz meiner Professionalität spürte ich sofort – dieses Mal war alles anders.

Ab dem ersten Augenblick, als wir uns sahen, passierte es: Ich habe mich in sie verliebt. Sie strahlte so eine unbeschreibliche Besonderheit aus und wir spürten beide sofort dieses wundervolle Gefühl zwischen uns.

Völlig ungewollt und ohne jemals damit gerechnet zu haben, passierte es einfach, ich konnte nichts dagegen tun – Amor hat mit vollkommener Treffsicherheit seinen Pfeil abgefeuert.

Ich brauchte sehr starke Konzentration, mehr als sonst. Obwohl ich täglich meditiere und auch schon eine Meditation über 5 Stunden erlebt hatte, fühlte sich in diesem Moment alles anders an. Durch meine innere Ruhe, die ich dank der letzten Jahre und meiner Meditationen in mir erleben durfte, wusste ich normalerweise, wie ich mich konzentrieren muss.

Auf jeden Fall habe ich es geschafft, ich konnte sie super coachen und mit ihr die alten Glaubenssätze aufdecken und neue programmieren sowie ihre körperlichen Schmerzen lindern. Nach dem Coaching quatschten wir noch ein bisschen und ich konnte erstmals durchatmen, da alles wunderbar verlief und sie sehr zufrieden war mit unserer Arbeit.

Natürlich konnten wir es nicht dabei belassen und tauschten unsere Handynummern aus und telefonierten nach meinem Feierabend die ganze Nacht durch. Wir telefonierten nun jeden Tag mehrere Stunden und klar wollten wir uns treffen, persönlich sehen und uns gegenüberstehen.

Als Gentleman lud ich sie zu mir in meine Heimat – die schöne Schweiz – ein. Das Ganze hatte jedoch einen Haken: Ich flog zwei Wochen später nach Kreta in den Sommerurlaub mit meiner Tochter und meinem besten Freund sowie seinem Sohn.

Meine Klienten konnte und wollte ich in dieser Zeit natürlich nicht ganz allein lassen und nahm meinen Laptop mit auf meine Reise. Ich coachte weiter online, zwar etwas reduzierter, aber ich hatte meine vereinzelten Termine und durch diese schöne neue Erfahrung wurde auch mein Onlinecoaching-Programm ins Leben gerufen.

Da ich den Luxus genieße, von der ganzen Welt aus arbeiten zu dürfen, und ich es liebe zu reisen, verknüpfte ich das Ganze einfach. Nun weißt du, wie es dazu kam, dass ich im Onlinebusiness tätig bin.

Jetzt aber zurück zur eigentlichen Geschichte:

Jennifer kam am 28. Juni 2016 zu mir nach Basel und ich flog am 31. Juni 2016 für zwei Wochen nach Kreta.

Die Zeit bis zu unserem ersten realen Treffen war sehr aufregend, sie stieg am Morgen in Goslar in den Zug und fuhr in Richtung Basel. Wir schrieben uns sehr viel während der Fahrt und telefonierten auch, um die Nervosität etwas zu dämmen.

Ich fuhr zum Bahnhof, um sie in Empfang zu nehmen.

Natürlich wartete ich am Gleis auf sie, bis der Zug einfuhr. Endlich war es so weit. Der Zug war da, die Türen gingen auf und alle Leute stiegen aus, inklusive ihr.

Es war ein unvergesslicher Moment … Wir konnten uns endlich in die Arme nehmen und wussten, ab jetzt wollen wir nicht mehr ohne den anderen sein.

Wir genossen drei unvergessliche Tage in Basel und lernten uns zu lieben, wie ich es noch nie zuvor erlebt habe.

Der Tag kam, als sie wieder zurückreisen musste und ich mit meiner geliebten Tochter, meinem besten Freund und seinem Sohn nach Kreta flog. Der Abschied war äußerst schmerzhaft. Wir wollten nicht mehr ohne den anderen sein, aber es ging nicht anders, als dass wir uns für zwei Wochen physisch trennen mussten.

Als der Zug ankam, blieb unsere Welt für einen Moment stehen und wir ließen unseren Gefühlen freien Lauf. Uns beiden liefen die Tränen, weil wir wussten, dass wir uns nun zwei Wochen nicht mehr haben.

Der Zug fuhr los mit ihr zusammen und wir fühlten uns nicht mehr vollständig, spürten sofort das Vermissen und es fehlte von der ersten Sekunde an etwas, was zu einem Teil des anderen verschmolzen war. Ich zog meine Sonnenbrille an und ging zurück zu meinem Auto. Dort half nur erst einmal tief durchatmen und mich ernsthaft zu sammeln, um wieder fahren zu können.

Ich fuhr also nach Hause und bereitete alles für meinen Urlaub vor, der am nächsten Tag losging.

Die Nacht war sehr bescheiden. Es war komisch, nur am Telefon ihre Stimme zu hören und sie nicht mehr bei mir zu haben.

Das Bett und die Decke rochen noch nach ihr und sie hatte mir ein T-Shirt dagelassen, das ich natürlich die ganze Nacht bei mir hatte.

Es war so seltsam, ohne sie, ihren Atem nicht zu spüren, während sie schlief. Ihre duftenden, langen, wunderschönen blonden Haare nicht mehr zu riechen und sie nicht mehr berühren zu können. Ja, ich spielte unendlich gerne mit ihren Haaren.

Ich erwischte mich auch, wie ich in der Nacht wach wurde, weil ich sie gesucht habe mit meinen Händen, aber es war nur ihre Decke, die ich dann zum Kuscheln gebraucht habe. Gott, wie ich sie vermisst habe in dieser Nacht. Ihre Berührungen, ihren Atem, ihren Geruch, ihre wunderschönen Haare, ihre wunderschönen Hände, ihre wunderschöne Stimme, ihr wundervolles Sein, ihren wunderschönen Körper, ihre unendlich liebevollen Berührungen, ihr unvergessliches Lächeln, ihre traumhaft schönen Blicke, die sie mir immer wieder schenkte mit ihren wunderschönen Augen. Dies alles fehlte in dieser warmen, leeren Sommernacht ... ein paar Stunden vor meinem Abflug nach Kreta. Ja, auch heute kann ich aus vollem Herzen sagen – es war die Liebe meines Lebens.

Ich versuchte wieder etwas zu schlafen, weil mein Flieger ja schon bald ging und ich noch meine Tochter am Morgen abholen musste und dann zu Joe fuhr, um von da aus zum Flughafen zu fahren, um unsere Reise zu beginnen. Die Mischung zwischen Vorfreude auf diese Reise und das Vermissen war eine sehr anstrengende Mischung, die ich so nicht kann.

Abflug nach Kreta

Der Morgen kam, ich stand auf und machte mich mit Kind und Gepäck auf zum Flughafen. Ich war unendlich glücklich, mit meiner Tochter, Joe und seinem Sohn in den Urlaub zu fliegen und dass sie alle da waren an diesem Morgen. Der erste Morgen ohne meine Jennifer. Aber so hatte ich etwas Ablenkung von der heftigen Sehnsucht, dem krassen Vermissen und dem doofen Gefühl, nicht mehr vollkommen zu sein.

Wir hatten uns auf jeden Fall alle wieder und fuhren nun gemeinsam zum Flughafen Basel-Mulhousen. Wie es Tradition ist bei meinem Kumpel und mir, frühstücken wir immer am Flughafen an dem Tag, an dem wir fliegen.

Wir mussten aber erst noch unser Gepäck aufgeben und danach konnten wir uns dem Frühstück widmen. Natürlich gab es leckere Croissants, oder wie man in der Schweiz sagt: „Gipfeli", leckeren Kaffee für Joe und mich und für die Kids gab es leckeren Orangensaft. Nach dem Frühstück ging es durch die obligate Sicherheitskontrolle und ab zum Gate.

Als wir am Gate waren, kehrte etwas Müdigkeit ein und ich freute mich, dass ich im Flugzeug etwas schlafen konnte, was ich auch tat. Aber meine Gedanken waren ganz woanders in dem Moment.

Klar genoss ich es, mit meinen Liebsten in den Urlaub zu fliegen, kein Thema. Nur spürte ich, dass etwas fehlte und ich sie unendlich gerne mitgenommen hätte nach Kreta, aber wir hatten uns vorher anders entschieden.

Wir sprachen natürlich bei unseren ersten Telefonaten darüber, ob sie nicht für ein paar Tage nach Kreta kommt, aber wie schon geschrieben waren wir damals anderer Meinung und uns

sicher, dass wir das schon aushalten würden.

2 Wochen ohne den anderen, was sich als eine sehr harte Challenge rausstellte.

Tja … So lernt man Konsequenzen zu tragen, wenn man Entscheidungen trifft.

Wir landeten in Kreta und es war herrlich warm. Die Sonne schien und ich fing schon bald an zu schwitzen, weil ich die Temperatur doch nicht gewohnt war. Vielleicht war es auch eine Mischung zwischen der Müdigkeit, der Sehnsucht und allem. Mein Körper wollte mir etwas mitteilen.

Wir holten unser Gepäck ab und machten uns auf den Weg zu den Transferbussen, die uns zu unserem Hotel brachten.

Wie es das Schicksal wollte, hatten wir zwei verschiedene Busse und ich war etwas nervös, als meine Tochter und ich vor Joe und seinem Sohn ankamen. Aber es hat alles funktioniert und sie kamen etwas später ebenfalls an und wir bezogen endlich unser megatolles Hotelzimmer.

Unsere Zimmer waren wie zwei Wohnungen, die direkt nebeneinanderlagen und einen gegenüberliegenden Balkon hatten, einfach perfekt. Das Hotel war mit einem superschönen Pool ausgestattet und essen konnte man an diesem großartigen Ort der Erde, halleluja … ich sag`s dir … Das Essen war ein Traum.

Wie ich schon erwähnt habe, hatte ich den Urlaub so geplant, dass ich ihn mit Arbeit koppeln konnte. Meine Klienten kamen nicht zu kurz und ich nahm sie dank der fabelhaften technischen Möglichkeiten mit auf meine Reise.

Selbstverständlich dachte ich auch an meine Follower,

postete für sie viele schöne Bilder aus Kreta und machte ab und zu ein Live-Video vom schönen Sonnenuntergang, um diese wundervollen Momente festzuhalten und zu teilen. Wir verbrachten einen wunderschönen Urlaub. Ich machte meine Coachings im Hotel, am Pool, am Meer oder auch beim Sonnenuntergang, gerade da, wo ich in diesem Moment war und es für mich passte.

Natürlich nahm ich mir auch Zeit für Jennifer und versuchte dafür zu sorgen, dass es sich nicht nach einer so großen Entfernung anfühlte. Wichtig war aber trotz allem auch die Zeit vor Ort mit meinen Herzmenschen, meiner wundervollen Tochter und meinem Freund, zu genießen. Wir verloren durch die wunderschöne Umgebung das Zeitgefühl und nutzten jede Sekunde zusammen aus und genossen jeden Augenblick.

Die Sehnsucht nach Jennifer war trotzdem riesengroß und wir wollten uns so schnell wie möglich wiedersehen. Wir hatten schon verabredet, dass sie samstags nach meiner Rückkehr gleich zu mir kommen konnte. Wir hatten eine unbeschreiblich große Vorfreude, gemischt mit sehr viel Sehnsucht.

Das ersehnte Wiedersehen

Als wir wieder von unserer Reise zurück in Basel waren, haben Jennifer und ich die Stunden bis zu unserem Wiedersehen gezählt. Wir hatten so starke Gefühle, die wir selbst nicht fassen konnten, Sehnsucht gemischt mit Liebe und einem großen Gefühl des Vermissens. Bei unserem Wiedersehen war es, als sei nie eine Zeit dazwischen gewesen. Wir haben da weitergemacht, wo wir am Bahnhof aufhörten, und es fühlte sich so an, als seien wir nie voneinander getrennt gewesen.

Ich wusste, dass Jennifer nur kurz bei mir sein konnte, da sie montags wieder arbeiten musste, also beschloss ich kurzerhand, sie nach Goslar zu begleiten und unsere gemeinsame Zeit dort zu verlängern.

Auch in ihrem Zuhause fühlten wir uns zusammen sehr wohl und glücklich. So machte ich meine Coachings einfach von Goslar aus weiter und nicht von Basel oder Kreta. Wir verbrachten eine unvergessliche Zeit und waren ab diesem Tag unseres Wiedersehens nie mehr getrennt. Wir waren 24 / 7 zusammen und genossen es in vollen Zügen, weil es das war, was wir beide wollten.

Anfangs pendelten wir hin und her zwischen Goslar und Basel. Wir hatten auch ihren tollen Hund mit dabei, er hieß Ben und war ein wundervoller Begleiter.

Wie waren überall in der Schweiz unterwegs und genossen unsere gemeinsame Zeit vollumfänglich. Wir überlegten uns, ein Zukunftsprojekt wie zum Beispiel einen Foodtruck in der Schweiz zu eröffnen, um hier die deutsche Currywurst zu etablieren. Wir erarbeiteten einen Businessplan, wir hatten sehr viele Meetings mit dem Lieferanten der Currywurst, der Bank, möglichen Investoren, einem Transportunternehmen, dem

Foodtruck-Hersteller und noch vielen anderen wichtigen Entscheidungsträgern.

Alles war durchgeplant und stand, aber leider hatte der Lieferant eine neue Firmenstrategie aufs neue Jahr geplant und kündigte uns den Vertrag kurzerhand. Somit blieb diese Idee nur ein Traum von uns, aber auch das hatte seinen Sinn.

Der Tag kam, als die Behörden leider anfingen, Druck zu machen, und Jennifer einen Job brauchte oder wir heiraten sollten, sonst hätte sie wieder zurück nach Deutschland müssen. Also schufen wir gemeinsam diese kleine Hürde aus der Welt und suchten ihr einen schönen Job, denn wir hatten nicht vor, nur wegen der Behörden zu heiraten, damit sie in der Schweiz bleiben konnte.

Sie fand eine gute Anstellung in einer Versicherung und konnte auch sehr kurzfristig anfangen, dort zu arbeiten.

Das war der 1. März 2017 – wir hatten nun eine neue Art des Alltags erreicht, unsere Liebe war jedoch weiterhin so fest und wundervoll wie im ersten Moment.

Trotzdem brachte dies eine Wende in unsere Beziehung. Wir waren bis zu diesem Moment jeden Tag – rund um die Uhr – zusammen und um 100 % für sie dass sein zu können, hatte ich mein Coaching komplett zurückgefahren. Daher verdiente ich auch kein Geld mehr damit und wir lebten ausschließlich von ihrem Einkommen.

Erst wenn du als Mann bei dir selbst bist, können dich die Frauen in ihrer wundervollen Weiblichkeit sehen.

Es fängt an zu bröckeln

Irgendwie war dies der Moment, wo es anfing, langsam an unserer Beziehung zu kratzen.

Wir hatten 24/7 vorher für uns und das 6 Monate lang und dann musste sie plötzlich in einem neuen Land arbeiten. Eine neue Kultur, neues Umfeld, neue Leute, neues System, neue Arbeitswelt. Alles war anders und nichts mehr so, wie sie es aus Deutschland kannte.

Ja, die Schweiz ist schön und hat definitiv ihren Reiz, aber es ist doch ein anderes Land mit einer eigenen Kultur, einem anderen Lebensrhythmus und auch an die Sprache muss man sich erst einmal gewöhnen, wenn man nicht hier aufgewachsen ist. Viele Kleinigkeiten, die im eigenen Alltag normal sind, bringen plötzlich eine Veränderung mit.

Dies alles machte sich bemerkbar und auch ich brauchte meine komplette Energie, um mit der Situation klarzukommen. Ich kümmerte mich um unseren Hund Ben, versuchte Jennifer so gut es ging emotional zu unterstützen in ihrem neuen Leben. Um genügend Zeit miteinander zu haben, fuhr ich sie jeden Morgen mit dem Auto zur Arbeit und holte sie am Abend wieder ab. Es war uns so wichtig, dass wir doch etwas Zeit miteinander verbringen konnten.

Zugleich musste ich mich auch neu orientieren und überlegte, was ich jetzt machen sollte, da ich – wie bereits erzählt – meine Coachings nicht weitergeführt habe.

Langsam, aber sicher fing eine Negativspirale an, ganz schleichend, unbemerkbar, sehr zielstrebig und schon fast unaufhaltsam.

Es war wirklich eine große Challenge, dies alles mental unter einen Hut zu bringen, plötzlich war alles anders. Es war ein komplett neues Leben und trotzdem mussten wir es schaffen. Also unternahmen wir Schritte, die sich im Nachhinein als nicht sinnvoll ergaben, was uns zu diesem Zeitpunkt noch nicht klar war.

Wir wollten diese Umgestaltung und zogen in eine größere Wohnung, um einen kleinen Neustart zu machen. Ein Tapetenwechsel bringt schöne Veränderungen, hilft uns Platz und Raum für neue wundervolle Momente zu erschaffen, dachten wir.

Anfangs funktionierte es auch. Nur merkten wir bald, dass die Probleme an anderer Stelle waren, denn da wir uns selbst so mitgenommen hatten, wie wir in dieser Phase waren, und nur räumlich etwas verändert hatten, wurde alles immer schwerer und die Probleme größer und weiterhin ungelöst.

Wir zogen 20 Minuten weiter von meiner Tochter weg, aber der Arbeitsweg für Jennifer war somit kürzer und wir schafften uns mehr Freizeit, die wir nicht mit Fahren verbringen mussten. Die neue Wohnung war sehr teuer, aber wunderschön und groß. Sie hatte einen Balkon und eine perfekte Umgebung für unseren Hund Ben.

Ich hatte noch einiges auf dem Sparkonto, um mich an den Kosten zu beteiligen, aber das reichte auch nicht ewig. So lebten wir eine Zeit lang, aber das Geld ging langsam zu Ende. Ich wollte wieder mit meinem Coaching starten, aber der Erfolg blieb diesmal leider aus. Da ich daher kein Einkommen mehr hatte, musste ich mich beim Arbeitsamt melden. Dies war ein weiterer Schritt auf mentaler Ebene, dass ich mich immer schlechter fühlte und mich immer kleiner gemacht habe.

Nun war ich gezwungen, mir schnell einen Job zu suchen, mit dem ich ein gutes und regelmäßiges Einkommen hatte. Ich fand zum Glück schnell eine gute Stelle und arbeitete hauptsächlich Spät- und Nachtschicht.

So konnten Jennifer und ich uns aber kaum noch sehen und auch nicht mehr die Nächte zusammen verbringen. Nach

Auch als Mann brauchst du eine Auszeit von allem, um wieder zurück in dein Herz zu finden.

Michael Dettwiler

einiger Zeit einigte ich mich mit meinem Chef, dass ich nur noch Spätschichten mache, da wir sonst gar nichts mehr voneinander hatten. Wir hatten nun finanziell keine Sorgen, aber eines bemerkte ich leider viel zu spät … Wir verloren uns immer mehr aus den Augen und es wurde immer distanzierter zwischen uns.

Wir spürten beide, dass wir etwas ändern mussten, aber wirklich geredet haben wir darüber nicht. Wann auch? Viel

Zeit blieb uns ja nicht, außer über den Mittag – knapp 45 Minuten – und am Wochenende wollten wir unsere gemeinsame Zeit genießen und nicht irgendwelche Probleme lösen.

Wir hatten ein wunderschönes Ritual: Wir haben jeden Monat den 28. gefeiert, um unsere Liebe neu zu entfachen.

So auch den 28. September 2017:

Es war ein besonderer Jubiläumstag, da wir genau 1,5 Jahre miteinander zusammen waren. Wir planten, dass wir an diesem Freitag etwas Spezielles machten, aber wie speziell es wirklich wurde, war mir zu diesem Zeitpunkt nicht bewusst.

Wir reservierten einen Tisch in der besten Pizzeria in Basel, machten uns an diesem Freitagabend beide besonders chic und fuhren dann gemeinsam mit der Straßenbahn dorthin.

Der Besitzer kannte uns von früheren Besuchen und machte uns einen speziellen Tisch bereit, nur für uns beide. Nichts ahnend bestellten wir unser Essen und genossen eine superleckere Pizza mit etwas Wein dazu.

Als wir fertig mit dem Essen waren und auch unseren Nachtisch gegessen hatten, sagte Jennifer plötzlich zu mir: „Warte kurz, ich habe da was für dich."

Ich dachte mir schon, „Hmm … Was wird es wohl sein? Ein Geschenk zu unserem Jubiläum?".

Dann suchte sie etwas in ihrer Tasche und nahm eine kleine Schachtel heraus. Sie streckte mir diese hin und öffnete sie. Ich wusste nicht, was jetzt wirklich geschieht – ich sah nur zwei Ringe in der Schachtel und Jennifer schaute mich an, dabei stellte sie mir folgende Frage:

„Mein liebster Schatz, möchtest du mich heiraten?"

Ich sagte natürlich voller Freude: „JA!"

Wir waren beide so überwältigt, dass uns beiden die Tränen runterliefen, wir küssten uns und nahmen uns ganz fest in die Arme. Es war ein unvergesslicher Moment!

Ich ging dann zum Restaurantbesitzer und bestellte Champagner, um auf diesen Moment anzustoßen. Die anderen Gäste um uns herum bemerkten diesen Augenblick und fingen an zu klatschen und gratulierten uns zu diesem Entscheid. Was nicht üblich ist für die Schweizer, dass man in so einem Moment öffentlich in einem Restaurant klatscht und gratuliert.

Natürlich haben wir es in den sozialen Medien gepostet und bekamen auch von dieser Seite her sehr viele Glückwünsche. Wir feierten noch mit den anderen Gästen und machten uns danach auf unseren Heimweg.

Wir planten, am 28. Dezember 2017 in Goslar zu heiraten und unsere Liebe dort offiziell zu besiegeln.

Der Stress kommt zurück

Leider hatten wir jedoch nicht bemerkt, dass der Stress und Druck durch die ganze Organisation noch größer wurden.

Wie es manchmal so ist, wenn es eine Zeit nicht so gut läuft, hatte ich vor der Hochzeit noch einen schweren Betriebsunfall und war für 8 Wochen außer Gefecht gesetzt. Ich war zwar zu Hause, aber mein rechter Arm war angeschlagen. Ich musste ihn erst richtig heilen lassen und viele Untersuchungen bei verschiedenen Ärzten über mich ergehen lassen.

Wir ließen uns nichts anmerken, zeigten unsere Liebe und Freude regelmäßig bei unseren Kanälen in Social Media und ließen die Menschen an unserem Leben teilhaben. Wir waren für die Öffentlichkeit und uns selbst das Traumpaar schlechthin.

Auch diese Zeit meisterten wir irgendwie trotz Stress und der gesundheitlichen Vorfälle, denn die Vorfreude gab uns einen sehr schönen Schub an zusätzlichem Zusammenhalt. Der Tag unserer Hochzeit kam. Es war wunderschön und wir feierten mit vielen Freunden und ihrer Familie ein wundervolles Fest der Liebe.

Die Feier ging lang bis in die Nacht und wir haben jeden Moment sehr genossen. Am nächsten Morgen, frisch verheiratet, mussten wir das Hotel verlassen und gingen noch zu ihrer Mutter und beantworteten mal alle Glückwünsche und zeigten uns auch auf den Social-Media-Kanälen.

Es war sehr schön, so viel Anerkennung zu bekommen. Wir genossen es sehr. Wir blieben noch bis zur Silvesternacht in Goslar, fuhren aber bewusst dann zurück, weil wir unseren Hund Ben ja noch bei uns hatten, und wir wollten ihm das Geböller nicht antun.

Dies war eine wundervolle Entscheidung, denn ich erlebte zum ersten Mal eine Silvesternacht auf der Autobahn und ich sah so viele verschiedene Feuerwerke an verschiedenen Orten wie noch nie zuvor in meinem Leben.

Endlich angekommen – in unserem Zuhause – in der Schweiz, gingen wir erst mal richtig lange schlafen und am nächsten Morgen frühstückten wir außergewöhnlich gut miteinander. So starteten wir gemeinsam sehr entspannt in das neue Jahr.

Auch wenn wir nach der Hochzeit wieder auf Wolke 7 schwebten, kam nach dem Stress der vorherigen Wochen fast mein zweiter Burn-out. Die stressige Zeit der Vorbereitungen und gesundheitlichen Sorge ging nicht spurlos an mir vorbei, ich erhielt damit die Quittung.

Durch die Erfahrung meines ersten Burn-outs im Jahr 2008 (Darauf werde ich in einem weiteren Buch ausführlich eingehen. Auch wie ich es geschafft habe, einen Burn-out herbeizuführen,

und wie ich rausgekommen bin, sowie die Konsequenz davon.) wusste ich, dass ich schnell handeln musste, und besprach dies mit meiner Frau. Sie sagte mir jedoch nur, ich sollte dann halt den Job hinschmeißen, mich krankschreiben lassen oder eine neue Stelle in der Nähe suchen. Ich hatte Angst, dass der Burn-out erneut ausbrechen könnte, und entschied mich, kurzfristig das Arbeitsverhältnis zu beenden, ohne dass ich einen neuen Arbeitgeber hatte. Dies war ein sehr großer Fehler.

Ich kündigte also meinen Job, meldete mich wieder beim Arbeitsamt und bekam wegen der Selbstkündigung natürlich erst einmal keine finanzielle Unterstützung.

In der Schweiz ist es so, dass man bis zu 3 Monate Sperrfrist bekommt, wenn man selbst gekündigt hat ohne einen triftigen Grund. Mein Grund für die Kündigung war dem Arbeitsamt ganze 2 Monate Sperrfrist wert, obwohl ich alles belegen konnte und eine mehrseitige Stellungnahme gemacht hatte.

Dazu kam, dass ich danach nur noch für weitere 1,5 Monate versichert war. 2 Monate ohne Einkommen in der Schweiz ist finanziell sehr schmerzhaft. Um es in Zahlen auszudrücken, ich brauchte damals pro Monat 4.000 € für laufende Kosten – also fehlten mir kurzerhand 8.000 €, die ich selbst aufbringen musste.

Mein Sparkonto war durch die Schichtarbeiten etwas aufgestockt, aber ohne laufendes Einkommen und durch unsere monatlichen hohen Ausgaben war dies auch bald wieder aufgebraucht. Die Spirale der Sorgen drehte sich also durchgehend weiter.

TV-Show „The Biggest Loser"

Wir sprachen mittlerweile wieder viel zusammen und suchten gemeinsam nach Lösungen. Dann kamen wir auf die glorreiche Idee, dass ich bei der TV-Show „The Biggest Loser" mitmachen könnte. Durch mein damaliges Kampfgewicht von 150 kg kam es so, wie es sein sollte – ich wurde angenommen und durfte ein Teil der Show sein.

Ich war der erste und bis heute einzige Schweizer, der jemals bei TBL mit dabei war. Ich lernte viele interessante Leute kennen wie Sophia Thiel, Göeerki, Mareike Spalek, Ramin Abtin und

viele andere wichtige Personen und tolle Persönlichkeiten, die im TV-Business tätig sind. Natürlich fand ich auch großartige neue Freunde, die bis heute an meiner Seite stehen. Ich war im Onlineteam bei Sophia Thiel und als tollsten Bonus durfte ich Kandidat der Jubiläumsshow ‚10 Jahre TBL' sein, die im Jahr 2019 ausgestrahlt wurde.

Die Dreharbeiten für die erste Sendung begannen und wir waren damals im Olympiastadion in München. In dieser Zeit durfte ich mein Handy nicht dabeihaben. Somit hatten Jennifer und ich auch keinen Kontakt. Dies war schon eine sehr komische Situation, denn trotz unserer kleineren Krisen fehlte dieser tägliche Kontakt zueinander sehr.

Für mich war es aber etwas einfacher als für sie, ich hatte die volle Aufmerksamkeit von den vielen Kameras und Mitarbeitern von SAT. 1. Jennifer hatte sich in dieser Zeit freigenommen und war bei ihrer Mutter in ihrer Heimat. Diese Zeitspanne verging für mich wie im Flug. Wir waren einige Tage komplett getrennt voneinander und das ohne einen einzigen Kontakt.

Der Tag der Entscheidung kam und ich wurde ins Team von Sophia gewählt. Dieser Augenblick war schon sehr aufregend für mich. Auf der einen Seite habe ich mir gewünscht, natürlich zu Mareike oder Ramin ins Team zu kommen, weil alle ins Camp wollten und nicht „nur" online dabei sein, aber im Nachhinein war es eine riesengroße Bereicherung, im Onlineteam zu sein.

Wir wurden danach zurück ins Hotel gefahren und ich bekam endlich wieder mein Handy zurück. Sofort rief ich meine geliebte Jennifer an, um endlich wieder mal ihre Stimme zu hören und zu erfahren, wie es ihr geht. Es war wunderschön, mit ihr zu reden und dieses Vermissen zu spüren, das ging uns beiden so.

Klar erzählte ich ihr alles von den letzten Tagen. In welchem Team ich war, wie alles ablief, wen ich alles getroffen hatte und wie es nun weiterging. Aber ich musste mich etwas beeilen, da sich alle Kandidaten nochmals in der Hotellobby trafen, um gemeinsam unsere Teams zu feiern, und schon mal die ersten Schlachtpläne ausheckten.

Wir hatten nur noch diesen einen Abend und diese Nacht mit allen zusammen, denn am nächsten Morgen trennten sich unsere Wege wieder. Für einige Teilnehmer ging es bald ab nach Spanien ins Camp und für mich ging es erst einmal zurück nach Goslar, denn ich wollte meine Frau wiedersehen und mit ihr gemeinsam nach Hause fahren, um von dort mein Programm zu starten.

Das Wiedersehen mit Jennifer war sehr schön und ich freute mich so unendlich, sie wieder bei mir zu haben. Ich wurde von ihr, meiner Schwiegermama und unserem Hund Ben am Bahnhof abgeholt, aber irgendetwas war anders.

– Waren es die Kameras, die ich die letzte Zeit um mich hatte?
– War es die viele Aufmerksamkeit von all den TV-Leuten?
– Vermisste ich meine neu gewonnenen Freunde?
– War es das TV-Leben an sich, das mir fehlte?

Mir gingen so viele Fragen durch den Kopf – aber ich wusste es nicht.

Auch Jennifer war irgendwie sehr angespannt, als wir zum Auto gingen. Wir fuhren erst noch kurz zum Einkaufen und da fragte ich sie – unter vier Augen –, was denn mit ihr sei, ob

sie sich nicht freue, mich zu sehen oder ob sie enttäuscht sei, dass ich nicht nach Spanien in das Camp gekommen war.

Sie sagte, dass dies nichts damit zu tun hatte und sie in meiner Abwesenheit ein paar familiäre Unstimmigkeiten gehabt hatte.

Es war sehr schön, wieder mit Jennifer einschlafen zu können und ihre Nähe zu spüren.

Dies war leider nur von kurzer Dauer, denn am nächsten Morgen fing auch schon mein erstes Training für die Show an und ich musste zeitgleich meine ganze Ernährung anfangen umzustellen. Dies war natürlich nicht einfach, da ich das deutsche Frühstück sehr liebe und ich es immer sehr genoss, so ausgiebig zu frühstücken – bei Schwiegermama.

Wir mussten aber auch bald zurück in die Schweiz, um die neue Aufgabe definitiv umzusetzen, und ich sollte schon nach der ersten Woche die ersten Gewichtsverluste für die Show abliefern.

Ich hatte sehr viel trainiert, täglich 3 – 4 Stunden Kardiotraining, musste extrem auf meine Ernährung achten und zugleich alles mit der Cam dokumentieren (die Videos und meine Zeit bei TBL kannst du auf SAT. 1.de / The Biggest Loser 2019 anschauen).

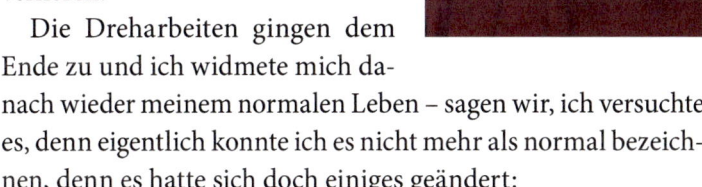

Ich fokussierte mich in dieser Zeit nur auf mich und mein Ziel, denn ich wollte so viel wie möglich abnehmen. Was ich aber nicht wahrgenommen hatte, war, dass Jennifer und ich uns immer mehr auseinanderlebten und ich meine geliebte Frau angefangen hatte zu verlieren.

Die Dreharbeiten gingen dem Ende zu und ich widmete mich danach wieder meinem normalen Leben – sagen wir, ich versuchte es, denn eigentlich konnte ich es nicht mehr als normal bezeichnen, denn es hatte sich doch einiges geändert:

- Ich verlor fast 20 kg an Körpergewicht.
- Das Fernsehen schaute auf mich.
- Ich bekam Besuch von insgesamt drei Kamerateams.
- Meine ganzen Schritte wurden für die Öffentlichkeit aufgezeichnet.
- Ich hatte regelmäßigen Kontakt mit berühmten Leuten und langsam, aber sicher wurde ich auch zu einem kleinen Promi.

Aber trotz allem war ich sehr schnell wieder in meinem Alltag und der Fokus richtete sich wieder auf die noch immer bestehende Arbeitslosigkeit. Da wir keine Unterstützung mehr vom Amt erhielten, musste ich mir einen neuen Job suchen.

Ich dachte sehr viel darüber nach, was hier der richtige Weg sein könnte.

In einigen Momenten fiel mir immer öfter auf, dass Jennifer komisch war und sich verändert hatte. Klar, wir hatten auch

Du brauchst nicht mit 500 Frauen Sex zu haben, um ein Mann zu sein. Liebe dich als vollkommener Mann und dein Ego wird schwinden.

Michael Dettwiler

einiges hinter uns, viele Höhen und leider auch Tiefen erlebt. Ich spürte immer noch die tiefe Liebe und diese wundervolle Bindung zu ihr, und so versuchte ich irgendwie das Ruder rumzureißen, um uns wieder auf Spur und auf den richtigen Weg zu einem entspannten und schönen, sorgenfreien Miteinander zu lenken.

Das Ende kommt näher

Ich versuchte alles Mögliche, um ihr wieder zu gefallen und unsere Ehe zu retten. Um wieder Geld zu verdienen, fand ich auch schnell einen neuen, normal bezahlten Job, ging weiterhin zum Sport und tat in meinen Augen wirklich alles, um Jennifer zu halten. Ich schenkte ihr wieder mehr Aufmerksamkeit, setzte den Fokus mehr auf uns, aber es funktionierte nichts. Keine Gespräche, keine Unternehmungen und keine gemeinsamen Ausflüge, auch meinen Vorschlag, es mit einer Paartherapie zu versuchen, wollte sie leider nicht annehmen.

Sie zog sich von Tag zu Tag immer mehr und mehr zurück und fing an, sich zu distanzieren. Sie arbeitete bis spät abends und am Wochenende ging sie ab und zu weg, um Zeit für sich zu haben.

Die Umstände wurden immer schwerer und extremer, wir entfernten uns immer mehr voneinander und fingen sogar an, in getrennten Betten zu schlafen. Wir stritten uns sehr oft, hatten kaum noch Gemeinsamkeiten, Zärtlichkeiten und – Sex hatten wir schon länger keinen mehr.

Ich hatte einen guten Freund gefunden in meiner neuen Arbeitsstelle. Er war doch etwas älter und betete sehr viel. Er las die Bibel und irgendwann fing ich an, mich ihm gegenüber zu öffnen, und schüttete ihm während eines gemeinsamen Spätdienstes mein ganzes Herz aus.

Da erzählte er mir, dass er ein Pastor in einer Kirche sei und schon vielen Menschen in schwierigen Situationen helfen konnte. Für mich war es anfangs etwas befremdlich, weil ich die Bibel nie gelesen hatte. Ich hatte meinen Weg in Richtung Religion und Glauben bereits vor Jahren schon gefunden und lebte sehr gut damit.

Aber die folgenden Gespräche mit ihm waren sehr wichtig für mich. Ich hörte ihm zu, was er mir für Ratschläge gab, und wir beteten in jeder gemeinsamen Pause zusammen. Ich wollte ja, dass alles wieder gut zwischen Jennifer und mir werden würde, also betrat ich neue Wege in diesen Momenten.

Die Trennung

Dann kam der 19. Dezember 2018 – der schwarze Tag unserer Beziehung, der Tag, der alles veränderte, der Tag, der alles zerstörte, der Tag, der mir den Boden unter den Füßen wegriss, der Tag, der mein Leben in einem Moment zum größten Fall brachte.

Das Ende unserer wundervollen Beziehung – der fucking Tag der Trennung. Am liebsten möchte ich diesen Tag vergessen, aber das kann und werde ich nie können.

An diesem besagten Tag spürte ich, dass etwas Schlimmes passieren wird.

Ich wusste nicht, was.
Ich wollte nicht hinsehen.
Ich wollte es nicht wahrhaben.

Jennifer und ich hatten an diesem Morgen einen kleinen Streit wegen belangloser Dinge. Ich wollte sie am Nachmittag bei der Arbeit treffen und mit ihr reden, weil ich dieses unsagbar schlimme Gefühl nicht loswurde.

Ich wollte mich entschuldigen für unseren Streit vom Morgen. Irgendwie spürte ich, dass ich sie verlieren könnte. Aber sie lehnte jegliches Gespräch an diesem Nachmittag ab und sagte nur, dass wir am Abend über alles reden würden.

Also musste ich warten, bis sie nach Hause kam. Ich hatte an diesem Tag nicht arbeiten müssen, da zu wenig Arbeit vorhanden war und wir alle von der Abteilung freibekommen hatten.

Ich versuchte mich abzulenken, war mit Ben spazieren, habe mit Freunden telefoniert, zum Sport wollte ich nicht, hätte mir aber sicher gutgetan. Jennifer kam nach Hause und ich war schon sehr emotional geladen, weil ich dieses Gefühl – gemischt mit Angst – einfach nicht losgeworden war.

Also stellte ich sie zur Rede und wollte nun unbedingt wissen, was los war. Das Ganze artete aus in einen heftigen Streit und plötzlich stellte ich im Affekt die beschissene Frage: „Was ist? Willst du dich etwa trennen von mir?"

Die Antwort kam postwendend …

„Ja, ich will mich von dir trennen!"

Es war der schlimmste Augenblick in meinem Leben. Alles zerbrach, in meinem Kopf gingen die wildesten Gedanken durch. Ich hatte keinen klaren Verstand mehr, die Emotionen schossen über, ich drehte vollkommen durch.

Ich konnte nicht mehr denken, mein Kopf schaltete sich aus, ich konnte es nicht wahrhaben, konnte mir kein Leben ohne sie vorstellen. Ich wollte das niemals.

Ich schaute sie an und flehte sie an, dass sie das nicht tun könne. Ich ging auf sie zu und wollte sie halten, aber sie stieß mich weg mit den Worten, dass ich sie lassen soll.

Wir weinten bitterlich. Nichts ging mehr. Tausende von Fragen prasselten auf mich ein. Ich fragte sie immer nur: „WARUM?"

Aber die Antworten, die kamen, wollte ich nicht hören. Sie waren nicht wichtig für mich, ich wollte alles, nur nicht diese Trennung. Jennifer blieb steinhart und wollte nichts an ihrem Entschluss ändern, dann überkam mich plötzlich ein unglaublich brutaler Gedanke. Ich klinkte vollkommen aus. Nichts konnte mich davon abhalten. Ich sah nur noch diesen einen Ausweg.

Ich wollte mich umbringen – ich wollte ohne Jennifer nicht mehr leben.

Also ging ich in die Küche, nahm das große Küchenmesser aus der Schublade und stand vor ihr und sagte nur „Ich gehe jetzt und bringe mich um".

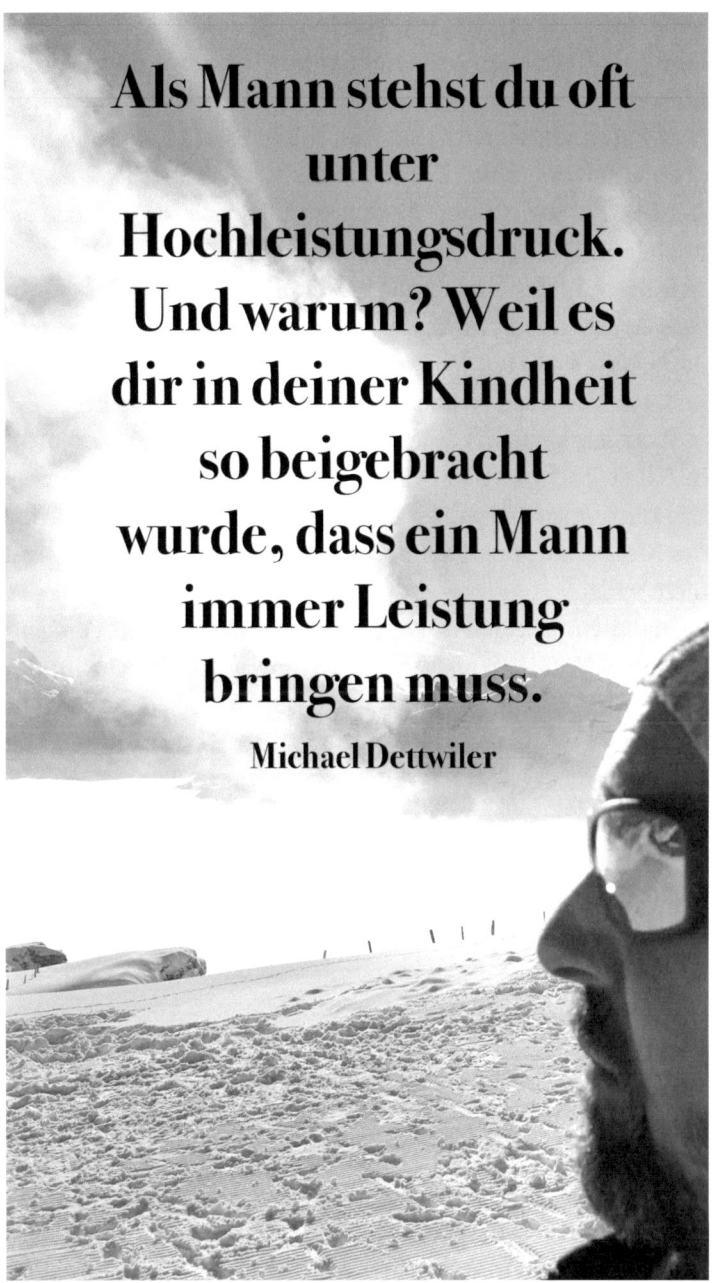

Als Mann stehst du oft unter Hochleistungsdruck. Und warum? Weil es dir in deiner Kindheit so beigebracht wurde, dass ein Mann immer Leistung bringen muss.

Michael Dettwiler

Ich war so überzeugt in dem Moment, dass ich es tun wollte, und ging Richtung Haustüre, um mir irgendwo draußen das Messer in die Brust zu stoßen. Doch plötzlich spürte ich ihre Hand an meinem Arm. Sie hielt mich fest und sagte zu mir: „Hör auf damit, mach keinen Mist."

Aber ich zog meinen Arm weg und schrie sie an, dass sie mich lassen soll und ich nicht mehr kann und will.

Danach hielt sie mich noch fester und nahm mich sogar in ihre Arme, was ich mir eigentlich vor dieser Tat gewünscht hatte, dass sie es tat. Ich versuchte mich zu lösen, weil ich von meinem Vorhaben so überzeugt war, aber es ging nicht.

Plötzlich hörte ich eine wundervolle Stimme, es war nicht die von Jennifer und sonst war auch niemand in der Wohnung. Diese Stimme sagte ganz sanft und einfühlsam zu mir: „Gib ihr das Messer, sonst passiert noch etwas ganz Schlimmes, was du nicht willst."

In diesem Augenblick kam ich wieder zu klarerem Verstand und mein Vorhaben löste sich in nichts auf. Ich übergab ihr das Messer und sackte unter Tränen zu Boden.

Als sie merkte, dass die Situation außer Gefahr war, und sie das Messer weggelegt hatte, kam sie zu mir und nahm mich in die Arme. Zugleich maulte sie mich ganz extrem an. Was mir eigentlich in den Sinn komme? Ob sie mir nichts mehr bedeute? Ob ich das alles so beenden wolle usw.

Alle ihre Emotionen kamen aus ihr raus und vollkommen zu Recht. Die Stimmung beruhigte sich langsam, wir konnten beide wieder etwas durchatmen und schauten uns mit Tränen in den Augen an.

Es war ein Crash, wie ich ihn noch nie zuvor erlebt hatte in meinem Leben. Innerhalb von ein paar Minuten war alles kaputt, woran wir so lange festgehalten hatten.

An unserer Liebe, unserem gemeinsamen Leben, unserer Zukunft, unserem Alltag, unserer Ehe. Alles, was wir uns aufgebaut hatten, die wundervollen Erinnerungen, die gemeinsamen

Träume und Ziele. Alles weg … Innerhalb von ein paar Minuten. Vor allem diese tiefe Liebe, die wir füreinander empfanden, sollte jetzt weg sein? Wie – wenn ich sie doch immer noch über alles liebte?

Irgendwie haben wir es geschafft, uns komplett zu beruhigen, und ich entschied mich in dieser Nacht in einem Hotel zu schlafen, um mit dem Abstand zu Jennifer und unserem Zuhause vielleicht meine Gedanken etwas geordnet zu bekommen und um zu realisieren, dass diese Situation echt war. Dieser Schmerz war so unfassbar stark, ich wollte nichts anderes mehr außer sie zurück oder sterben.

Ich nahm also ihr Auto und für ein paar Minuten zum Hotel. Irgendwie musste ich es schaffen, das Auto zu parken und einzuchecken, ohne dass man mir gerade anmerkte, was passiert war. Der Rezeptionist war zum Glück sehr diskret. Er machte ganz normal weiter und erledigte alles für mich, sodass ich wirklich nur noch ins Zimmer gehen konnte und einfach nur so richtig losweinen konnte.

Ich wollte keinen Alkohol, ich wollte nichts zum Essen, ich hatte nur mein Handy mit und las alle unsere Nachrichten von Anfang an durch. Jede einzelne Nachricht habe ich gelesen. Von der allerersten bis hin zur letzten von diesem Tag.

Es war einfach unfassbar schlimm. Ich konnte es nicht glauben, wollte es nicht wahrhaben. Es konnte doch nicht sein, dass dies das Ende war.

Irgendwann in der Nacht habe ich einer Freundin aus Facebook geschrieben, die ich auch schon so lange wie Jennifer kannte, und erzählte ihr, was alles passiert war.

Sie war Krankenschwester und hatte Nachtdienst in dieser Nacht. Zum Glück hatte sie ein offenes Ohr und ganz viele schöne Worte für mich. Sie waren wie ein Tropfen auf den heißen Stein, aber taten trotzdem sehr gut in diesem Moment.

Irgendwann folgte ich dem Rat meiner „Krankenschwester"

und versuchte etwas zu schlafen. Am nächsten Morgen sollte ich zur Arbeit fahren, aber dies habe ich nicht geschafft und meldete mich krank unter besonderen Umständen.

Der Tag danach

Jennifer ging am nächsten Morgen normal zur Arbeit. Sie schrieb mir und fragte, wann ich denn nach Hause kommen würde und ob ich mit Ben noch spazieren gehen könnte. Es war ein anderes Schreiben – emotionslos, ohne Emojis und sehr trocken –, für mich sehr gewöhnungsbedürftig.

Ich fuhr nach dem Aufstehen wieder in unsere Wohnung und ging zu Ben, der schon sehnlichst auf mich wartete. Es war ein abartig komisches Gefühl, in diese Wohnung zu gehen, aber ich musste dorthin zurück, weil es immer noch mein Zuhause war.

Ich schnappte mir unseren kleinen Ben und ging raus zum Spazieren, um etwas an der frischen Luft zu sein. Meine Gedanken kamen in dieser Zeit nicht zur Ruhe, ich war immer noch wie in einem falschen Film gefangen.

Jennifer arbeitete bis spät am Abend und ich ging noch einmal in die Nachtschicht, bevor eigentlich unser gemeinsamer Urlaub begonnen hätte. Wir sahen uns an diesem Tag nicht und hatten auch keinen weiteren Kontakt.

Am nächsten Tag, es war Donnerstag, der 20. Dezember 2018, teilte mir Jennifer mit, dass sie sich entschieden hatte, für ein paar Tage und somit über Weihnachten zurück nach Goslar zu fahren.

Da wir nur ein Auto hatten, brauchte sie es natürlich, um dorthin zu fahren, und ich wurde an diesem Abend von einer Arbeitskollegin abgeholt, um zur Nachtschicht zu gehen. Wir wollten uns noch kurz einen Kaffee holen an der Tanke. Ich wartete im Auto und plötzlich fuhr Jennifer an mir vorbei. Ich freute mich riesig, sie noch kurz zu sehen, aber sie sah mich nicht und fuhr in unsere Wohnung. Ich dachte mir in diesem Moment, schade, ich hätte sie gerne noch richtig verabschiedet.

Wie es so ist im Leben und wenn man sich etwas wünscht, trifft es unerwartet schnell ein. Mein Telefon klingelte und Jennifer rief mich ganz aufgelöst an.

Wo ich denn sei? Ich müsste doch erst um 22 Uhr anfangen zu arbeiten und jetzt sei erst 21 Uhr. Ich sagte ihr, dass ich etwas früher losgefahren war, um noch einen Kaffee zu trinken, und ich es gemütlich machen wollte einen Tag vor meinem Weihnachtsurlaub.

Sie fragte mich, ob ich bitte kurz herkommen könnte, weil sie ihren Wohnungsschlüssel im Büro vergessen hatte und sie nun nicht reinkam. Ich machte mich umgehend auf den Weg zu ihr und öffnete ihr die Tür. Es war ein wunderschöner Moment, ein Moment voller Liebe, ihr Lächeln war so zauberhaft, ihre Berührung so herzhaft warm. Sie war sehr erleichtert, dass ich da war.

Nun war es an der Zeit für mich, zur Arbeit zu fahren, und ich musste mich von ihr verabschieden, so wie ich es mir gewünscht hatte. Ich schaute sie an und bat sie um einen allerletzten Kuss.

Er war wundervoll schön und leidenschaftlich, einfach unvergesslich, ja, das war er wirklich, unser letzter Kuss.

Nach unserem Abschied ging ich zur Arbeit, wie ich das geschafft habe zu arbeiten, wusste ich erst im Nachhinein. Mein Körper funktionierte einfach nur noch und diese regelmäßigen, alltäglichen Dinge machte ich, ohne zu überlegen, oder vielleicht, um dadurch etwas Normalität zu haben und das Gefühl, aus diesem Albtraum aufzuwachen. Aber es war leider alles pure Realität!

Die Weihnachtsfeiertage verbrachte ich bei meinem besten Freund Joe. Er hat mir sehr durch diese schwere Zeit geholfen

Immer und jederzeit deinen Mann stehen müssen erzeugt Druck und unter Druck kannst du nur mit einer Blauen Pille guten Sex haben.

Michael Dettwiler

45

und ich musste durch ihn nicht allein sein. Gleichzeitig konnte ich meiner Traurigkeit freien Lauf lassen, mit ihm reden oder auch nur still die Anwesenheit eines mir vertrauten Menschen genießen.

Einen der Weihnachtstage verbrachte ich mit meiner Tochter. Ich hatte die schwere Aufgabe, ihr die Situation zu erklären, und auch für sie brach erneut eine Welt zusammen. Trotz meines eigenen Leidens versuchte ich sie, so gut es ging, aufzubauen und mit ihr einen schönen Tag zu verbringen, aber es war sehr schwer. Shayenne war für sie auch eine sehr wichtige vertraute Person geworden und sie wurde nun auch aus ihrem Kinderleben gerissen. Es war in ihren jungen Jahren nun leider schon die zweite Trennung, die sie verkraften musste, auch wenn sie bei ihrer Mutter und mir noch sehr klein gewesen war. Es war auch für sie ein Schock und eine schwere Zeit.

Am 26. Dezember kam Jennifer zurück nach Basel und ich ging weiter durch die Hölle, denn wir mussten nun besprechen, wie es weitergeht mit unserem Zuhause – das nicht mehr „unser gemeinsames" Zuhause war. Auch die kleine Auszeit änderte nichts, an unserer Trennung war nichts mehr zu ändern.

Es war zu spät und wir mussten nun die Rahmendinge erledigen, die sich nicht vermeiden ließen. Da niemand von uns in der Wohnung leben wollte, kündigten wir umgehend den Mietvertrag und nahmen uns vor, die Zeit bis dahin zusammen dort zu leben. Da wir ohnehin wie gesagt bereits seit Längerem getrennt geschlafen hatten, war dies nun wie eine Art WG. Leider jedoch mit zwei gebrochenen Herzen. Wir versuchten uns, so gut es ging, aus dem Weg zu gehen, um es uns nicht noch schwerer zu machen.

Das böse Erwachen

Als ich an einem Nachmittag Mitte Januar 2019 von der Frühschicht nach Hause gekommen war, lagen diverse Belege von einem Einkauf einer Drogerie auf dem Tisch. Ich schaute mir diese ohne irgendwelche Hintergedanken an, jedoch blieb mir in diesem Moment erneut mein Herz stehen. Jennifer hatte einen Schwangerschaftstest gekauft. Da ich mich im August 2015 einer Vasektomie unterzogen habe, war eine Schwangerschaft durch mich somit nicht möglich. Nun wusste ich, sie ging mir fremd!

Ich war sehr wütend und enttäuscht von ihr, weil das ein absolutes No-Go war bei uns, aber anscheinend passierte es doch. Klar, wir waren nun seit ein paar Tagen getrennt, aber einen Test zu machen, zeigte, dass es sich um keine Ablenkung aus den letzten Tagen hätte handeln können.

Es gingen mir viele Gedanken durch den Kopf, wer er ist, wo es passiert war, wann es war, warum hat sie es getan, wieso musste das passieren, wie sieht dieser Kerl aus, war es das erste Mal? All diese Fragen schossen mir durch den Kopf – geplagt von dem ganzen Trennungsschmerz und dem Liebeskummer, den ich hatte.

Also rief ich sie im Büro an und stellte sie zur Rede. Sie lachte nur und meinte, ich sei doch verrückt, was los sei mit mir, sie würde doch so etwas niemals tun. Aber ich blieb standhaft und wollte die Wahrheit wissen. Ich beharrte so darauf, dass sie mir jetzt alles sagen soll, was passiert sei. Irgendwann knickte sie ein und meinte nur, dass sie mir dies nicht am Telefon erzählen kann, sondern es persönlich tun will. Ich willigte ein und sagte, dass ich direkt vorbeikommen würde und sie mir alles erzählen kann.

Um in Ruhe sprechen zu können, verabredeten wir uns für 18 Uhr vor ihrem Büro in der Stadt.

Ich hatte in Zwischenzeit noch ein wunderbares Gespräch mit einem Menschen, der mir immer wieder zuhörte in dieser Anfangszeit der Trennung. Wir haben uns nie persönlich kennengelernt, wir telefonierten nur sehr viel und lange miteinander, sprachen über die ganze Trennung und sonst über Gott und die Welt.

So telefonierten wir auch an diesem Tag. Wir sprachen über diese neue Situation und wie ich damit umgehen sollte. Sie riet mir, dass ich in mich gehen muss und Jennifer vergeben soll. Es war schon passiert, ich konnte es ja nicht mehr rückgängig machen.

Also fuhr ich in die Stadt und ging noch etwas Kleines essen, meine erste Nahrung an diesem Tag.

Irgendwie habe ich es plötzlich geschafft, tiefen Frieden in mir zu finden, und ich konnte Jennifer bereits vergeben, ohne irgendwelche Details zu erfahren. Vergeben, dieses Gefühl war anfangs sehr demütigend und doch bereitete es mir große Ruhe und inneren Frieden.

Es war Zeit, um zum Büro von Jennifer zu gehen und sie dort abzuholen, um die Wahrheit zu hören. Als sie zur Tür rauskam, war es ihr sehr peinlich, weil nun musste sie mir alles gestehen.

Wir gingen kurz in ein Café und tranken dort etwas. Ich wollte keine anderen Themen besprechen als das eine. Sie versuchte immer wieder das Thema zu wechseln, aber ohne Erfolg. Plötzlich bat sie mich, dass wir bitte nach draußen gehen sollen, sie brauchte frische Luft und sie wolle allein sein mit mir.

Ich erfüllte ihr diese Bitte und wir gingen nach draußen. Dort gestand sie mir, dass sie untreu war, und dann brach sie in Tränen aus. Ich konnte sie in die Arme nehmen und ihr den einen Satz immer und immer wieder sagen. „Ich vergebe dir."

Dieses Gefühl von Vergebung und anfangs diese Demut, die sich so komisch anfühlte, wandelten sich in ein wundervolles

Gefühl. Nun wusste ich, wie sich wirkliche Demut und Vergebung anfühlt.

Es ist, als kommt unendlich tiefer Frieden, Ruhe und unendliche Liebe in einen hinein. Ein wundervolles Gefühl, für das es sich immer und immer wieder lohnt, aus tiefstem Herzen zu vergeben.

Ich ging nun mit diesem Gefühl nach Hause und konnte auch bald friedlich einschlafen. Wir gingen nach unserem Treffen jeder unseren eigenen Weg.

Jennifer kam in dieser Nacht sehr, sehr spät nach Hause, sodass wir uns nicht mehr sahen, sondern erst am nächsten Morgen wieder. Im Nachhinein wurde mir bewusst, ich hatte unterbewusst bereits vorab dieses große Geheimnis gespürt.

Nun hatte sich aber dieser Knoten gelöst. Die Stimmung war nun sehr entspannt zwischen uns und wir kamen uns ab dieser Zeit auch wieder etwas näher – sicherlich, weil diese Lüge nun nicht länger zwischen uns stand.

Wir konnten auch wieder sehr offen sowie ehrlich miteinander reden und schmiedeten sogar gemeinsam neue Pläne. So einigten wir uns, dass Jennifer zeitnah eine eigene Wohnung suchte und uns diese räumliche Trennung sicher sehr guttun würde und wir dadurch vielleicht sogar eine neue Chance hätten für einen gemeinsamen Neuanfang.

Ende Januar 2019 teilte sie mir mit, dass sie Ende Februar eine neue Wohnung für sich gefunden hatte. Es war doch ein komischer Moment, aber ich konnte es gelassen nehmen und freute mich für sie. Weil wir ja die Hoffnung hatten, dass wir es vielleicht so schaffen, danach einen neuen Anfang zu machen.

Nun begannen unsere letzten gemeinsamen Wochen, die wir zusammenlebten, und somit stand auch unsere räumliche Trennung bevor. Ich half ihr beim Umzug.

Klar gingen wir vorher noch gemeinsam neue Möbel für sie kaufen und wir brachten dann alles an einem Tag in die Wohnung. Ich half ihr beim kompletten Einrichten und Aufbauen der Möbel. Wie wir es kannten von unserem Umzug in die gemeinsame Wohnung, richteten wir alles innerhalb eines Tages ein.

Am Tag des Umzugs schlief sie noch einmal in unserer Wohnung und wir erlaubten uns, ein letztes Mal gemeinsam einzuschlafen, im selben Bett.

Am nächsten Morgen gingen wir nochmals gemeinsam mit Ben spazieren und genossen den Tag zusammen in ihrer neuen Wohnung.

Am Abend entschied ich mich, dass ich jetzt mit Ben nochmals spazieren gehe und Jennifer allein lasse, damit sie sich auch etwas einleben konnte im neuen Zuhause.

Gesagt, getan, ich ging mit Ben spazieren und nahm das Auto von ihr mit, denn unser Deal war, wer Ben hat, darf auch das Auto mitnehmen. So konnte derjenige, der auf Ben aufpasste, immer aus der Stadt fahren, um mit ihm spazieren zu gehen.

Als ich zu Hause war und auf dem Sofa lag, verspürte ich plötzlich ein ganz komisches Gefühl in mir. Ein Gefühl von „irgendetwas ist mit Jennifer passiert".

Also rief ich sie gleich an und wollte nachfragen, aber sie ging nicht ans Telefon. Daraufhin fuhr ich zur Wohnung von ihr und sah dort ein Auto stehen, das nicht dahin gehörte, mit einem Kennzeichen aus einem anderen Kanton.

Intuitiv wusste ich, dass Jennifer Besuch hatte, und das nachts um 23 Uhr. Aus meiner damaligen Zusammenarbeit mit der Kriminalpolizei wusste ich, wie ich einen Fahrzeugbesitzer ausfindig machen kann, ohne dass es jemand bemerkt.

Mich ließ aber das Gefühl nicht los, dass etwas nicht stimmte mit Jennifer. Also ging ich zur Tür und klingelte so lange, bis sie mir die Haustür vom Wohnblock öffnete. Ich habe mich sofort in den Lift begeben und fuhr hoch in den 4. Stock zu ihrer neuen Wohnung. Da stand sie auch schon an der Tür und fragte mich, was denn los sei.

Ich erklärte ihr meine Sorge und sie meinte nur, sie wollte soeben ins Bett gehen und habe sich sehr erschrocken, dass es geklingelt hatte. Mir fiel aber auf, dass sie ganz dezent geschminkt war und einen BH trug unter ihrem T-Shirt. Ich kannte Jennifer, sie ging niemals so ins Bett.

Ich roch die Kacke, die langsam anfing zu dampfen, und wünschte ihr trotzdem nun nur eine ruhige Nacht und verabschiedete mich ganz ahnungslos – auch wenn ich immer noch dieses komische Gefühl hatte.

Draußen war das fremde Auto weg. Ich wusste nun, dass jemand fluchtartig die Wohnung vor meiner Ankunft verlassen hatte und sich über das Treppenhaus aus dem Staub gemacht hatte. Jetzt kam mir meine Erfahrung bei der Kripo erneut sehr zunutze. Ich startete eine kurze Observierung und innerhalb einer Stunde erwischte ich den Fahrer des Fahrzeuges. Ich gab mich kurz zu erkennen, dass ich nun wisse, wer er sei, und er ab jetzt ein Problem habe, wenn er sich weiter mit meiner Frau trifft.

Daraufhin stellte ich Jennifer erneut zur Rede und diesmal wusste sie, dass sie am besten gleich alles erzählt, da es sonst nur immer noch unangenehmer wird und ich die Wahrheit sowieso herausfinde. So erfuhr ich dann auch den wahren Grund unserer Trennung. Sie hatte eine Affäre mit einem Arbeitskollegen und ich erwischte beide an diesem Abend in ihrer neuen Wohnung.

Das alles musste ich dann erst einmal die darauffolgende Zeit sacken lassen, denn natürlich hatte sich durch den Umzug und die wieder vertrauten Momente neue Hoffnung in mir breitgemacht. Ich versuchte dem normalen Alltag standzuhalten, aber wie es so kommt, wenn man in der Scheiße steckt, verlor ich kurze Zeit später auch noch meinen Job und ich hatte bald keine Wohnung mehr. Dazu kam, dass ich auch noch komplett bankrott war, denn alle Rücklagen waren aufgebraucht.

Die Entscheidung

Ich hatte also nichts mehr. Meine große Liebe hatte sich für einen anderen Mann entschieden, unsere gemeinsame Wohnung war gekündigt – allein hätte ich sie nicht bezahlen können und ich war pleite. Dazu kam, dass ich meine Tochter mit der Trennung von Jennifer massiv enttäuscht und sie den Kontakt zu mir abgebrochen hatte und ich nicht mehr an sie rankam.

In dem Moment stand ich vor einem riesengroßen Scherbenhaufen. Alles, was mein Leben schön machte, war kaputt, alles zerstört. Meine große Liebe war weg, mein Job wurde mir gekündigt, meine Tochter war enttäuscht von mir, ich hatte kein Geld mehr und stand kurz vor der Obdachlosigkeit. Ich bin in ein riesengroßes, sehr dunkles Loch gefallen und wusste nicht mehr weiter.

Jedoch stand mein Leben nun vor sehr vielen Entscheidungen, die auch im tiefsten Loch in meinem Kopf weiter kreisten:

– Was mache ich?
– Woher bekomme ich einen Job?
– Bin ich gerade in der Lage zu arbeiten?
– Wie kann mein Leben weitergehen?
– Wie bekomme ich ohne Geld eine Wohnung?
– Werde ich wieder glücklich?
– Wie bekomme ich das Vertrauen von meiner Tochter zurück?

Tausende Fragen waren in meinem Kopf. Ich konnte auch nicht in die USA fliegen, wo ich mir sonst immer eine Auszeit genommen hatte, denn ich hatte kein Geld für das Ticket und den Aufenthalt dort.

Ein Krieger des Herzens bedeutet, dass du dir deiner Stärken und Schwächen bewusst bist und mit ihnen Frieden geschlossen hast, und nun lebe die Liebe auch im Außen.

Nun stand oder besser gesagt lag ich da – vor den Trümmern meines Lebens. Ich lag wortwörtlich am Boden, auf dem Teppich in der noch gemeinsamen Wohnung.

Ich wusste weder ein noch aus.

Es war alles kaputt und nun stand ich vor der größten Entscheidung meines Lebens:

AUFGEBEN ODER LEBEN?

Echte beste Freunde sind auch in solcher Zeit für einen da, aber in meiner extremen Lebensphase, die zwischen der Entscheidung des Kämpfens und des Aufgebens auf und ab ging, da hätte ich eines niemals erwartet: dass mein bester Freund Joe jederzeit und an jedem Ort wirklich immer für mich da war. Auch wenn ich mich in diesen Momenten manchmal unmöglich verhielt ihm gegenüber, er war immer da!

Mir war aber klar, dass Joe nicht all meinen Müll für mich tragen konnte und ich wirklich professionelle Hilfe brauchte. In dem Moment, als ich wusste, dass ich mir Hilfe suchen wollte, hatte ich mich bereits gegen das Aufgeben entschieden.

Ich kannte einen spitzenguten Psychiater, den ich nach meiner Entscheidung zum Leben auch kontaktiert hatte, und begab mich regelmäßig bei ihm in eine Sitzung. Ich ging sogar so weit, dass ich ihn eines Tages anrief und ihn darum bat, dass er mir ein paar Medikamente verschreibt, damit es etwas besser ging.

Hierzu muss ich sagen, dass ich in meinem Leben noch nie Medikamente genommen hatte, außer ich musste sie nehmen, aber auch nur dann, als ich im Krankenwagen lag, oder in wirklich absolut extremen Situationen, so wie diese eine war. Halt dann, wenn es echt um das Überleben ging!

Nach ein paar Sitzungen und dem Absetzen der Medikamente suchte ich mir einen Coach, dem ich vertrauen konnte und der wusste, wie er mit mir durch diese harte Zeit und diese Scheiße gehen kann. Der mich mit viel Professionalität,

Vertrauen, Geduld und seinen Erfahrungen aus dem Loch ziehen sollte, der mir wieder zeigte, dass das Leben lebenswert war. Jemanden, der mir beibringen sollte, wieder auf beiden Beinen zu stehen, ohne einzuknicken, ohne wieder in das Loch zu kippen und den harten und langen Weg mit mir zu gehen, und mir seine Hand reicht – um es nicht allein durchstehen zu müssen.

Ich brauchte genau vier Anläufe, bis ich zum richtigen Coach kam.

Durch diese Anläufe hatte ich Schulden gemacht, um mir die ersten drei Coaches leisten zu können. Gebracht hat es mir in dieser Phase nur wenig, aber wenn ich ganz ehrlich bin, brauchte ich auch diese Erfahrung und ich kam doch etwas voran, aber nicht in dem Tempo, das ich mir eigentlich gewünscht hatte. Ich wollte mich sehr schnell wieder ins Leben zurück kämpfen und griff nach jedem noch so kleinen Strohhalm.

Der Coach, der mit mir durch die Hölle ging

Dann fand ich sie, meinen – für mich perfekten – Coach!

Die Entscheidung für das Leben, die ich Ende Februar 2019 getroffen hatte, war aber die wichtigste für mich, denn sie schob mich – ohne es zu merken – wieder ein Stück in die Aufwärtsspirale, da sich mein Fokus zu allem geändert hatte und ich wieder Kraft und Willen hatte, an meinem Ziel anzukommen!

Auch wenn mein Ziel damals noch nicht definiert war, wusste ich, dass ich einfach kämpfen und etwas tun musste, um wieder im Glück ankommen zu können. Dies nicht allein zu machen, war die zweitwichtigste Entscheidung in dieser Zeit.

Ich suchte mir einen neuen Job, damit ich die finanziellen Sorgen loswurde und wieder einen geregelten Alltag hatte. Ich rief meinen alten Chef an, für den ich mal vor langer Zeit nebenbei Beförderungen für körperlich eingeschränkte Menschen gemacht hatte. Ich hatte großes Glück, denn er stellte mich für ein paar Stunden die Woche ein.

Nun brauchte ich auch sehr dringend ein neues Zuhause, da der Mietvertrag nur noch wenige Tage lief. Also arbeitete ich für ein paar Stunden und etwas Geld für meinen alten Chef und weil dies nicht zum Überleben ausreichte, bekam ich Aufstockung vom Sozialamt.

Eine neue Wohnung zu bekommen, wenn man vom Sozialamt lebt, ist fast ein Ding der Unmöglichkeit in der Schweiz.

Also griff ich auf meine alten Erfahrungen zurück und bestellte mir beim Universum eine passende Wohnung für mich.

Ich bin schon sehr lange ein Meister im Manifestieren, da musste es doch sicherlich auch in einer solch negativen Lebenslage funktionieren, dachte ich mir.

So müsste es auch funktionieren, dass ich mir ein neues Zuhause bestellen kann.

Gesagt, getan, ich schickte meine Bestellung ab und hab losgelassen mit der Hoffnung und dem Schlusssatz ans Universum „Ihr macht schon das Richtige ;-)“.

Ein paar Tage später rief mich mein Bruder an und fragte, ob ich meine alte Wohnung wiederhaben möchte, die ich sieben Jahre zuvor gemietet hatte. Ich konnte es selbst kaum glauben, stimmte sofort zu und konnte so kurz vor der Obdachlosigkeit, also Ende März 2019, umziehen.

Ich suchte nebenbei noch einen besser bezahlten Job, den ich dann kurze Zeit später auch gefunden habe. So war ich zum Glück die Sorge, wenig Geld zu haben, auch bald los und konnte mich voll auf mich und mein zZurück-kämpfen ins Leben konzentrieren.

Nun ging es spürbar aufwärts. Ich konnte mir auch meinen Coach leisten, ohne mich weiter zu verschulden, aber auch das wäre es mir wert gewesen.

Vielleicht denkst du jetzt, wie easy und leicht das ging. Nix da, jetzt ging es erst richtig los, dies war mir aber zu diesem Zeitpunkt noch nicht bewusst. Zum Glück – denn ich war im Kopf und Herzen noch sehr unstabil und erst am Start meiner Rückkehr ins echte Leben.

Ich buchte mir meine Coachingtermine und wir trafen uns in regelmäßigen Video-Calls. Gemeinsam gingen wir alles, was ich erlebt hatte, nochmals durch und das Ganze immer und immer wieder, bis ich alles aufgeräumt hatte, was ich bis dato erlebt hatte, alles, was mich blockiert hatte und was mir im Wege stand.

Ich hatte schlimme Gedanken über mich. Es ging so weit, dass ich regelmäßig wieder an Suizid dachte, weil ich es einfach nicht aushielt, diesen Schmerz erneut und manchmal sogar noch bewusster zu ertragen.

Aber ich wusste tief in mir, dass ich weitermachen musste und wollte. Mein Coach motivierte mich auch immer wieder dazu durchzuhalten.

Nein, nicht weil er Geld verdienen wollte, sondern weil er mein Potenzial erkannte und immer für mich da war. Ich wollte weitermachen, in ein neues Leben gehen, ohne meine große Liebe. Es gab Tage, an denen habe ich nur geweint, stundenlang und ich konnte nicht aufhören. Aber auch all das gehörte dazu und war ein wichtiger Prozess des Verarbeitens.

Auch während der Arbeit kamen immer wieder die Emotionen hoch und mir die Tränen in die Augen.

Ich habe es zugelassen und fing an, mir zu erlauben, meine Gefühle zu leben. Die schönen Emotionen, all meine Gedanken, die heftigen Reaktionen, die Schmerzen – aber auch die Liebe zu mir selbst. Dies war ein sehr wichtiger Wendepunkt in meinem Leben, den ich ohne diese schlimmen Zeiten so nicht erfahren hätte.

Ich verspürte meine Gefühle immer besser und intensiver und mit der Zeit integrierten sie sich in mein Leben. Sie waren kein plötzliches Gefühlschaos mehr, sondern ein Geschenk, das mich wachsen ließ.

Mir ging es immer besser und es wurde ruhiger in mir. Mein Ego schrumpfte immer mehr und dafür kam meine Selbstliebe immer mehr zum Vorschein. Es war ein wundervolles Gefühl, diesen Durchbruch der Selbstliebe zu erleben, ich sah die ganze Welt mit anderen Augen. Es war wieder heller, schöner und positiver und ich hatte eine bessere Denkweise, die auch auf den Körper und die Psyche so guten Einfluss hatte. Ich stand morgens anders auf, lebte den Alltag anders und die Welt war wieder eins mit mir und nicht mehr gegen mich.

Diese Höhen blieben noch nicht so schnell dauerhaft, es erforderte noch einiges an Bemühung vor mir. Es kamen immer wieder Tiefpunkte, die mehrfach auf meine Gesundheit und mein Herz gingen, einmal sogar so stark, dass ich während der Arbeit dachte, ich hätte einen Herzinfarkt bekommen.

Ich wurde mit dem Rettungswagen ins Krankenhaus gefahren und dort komplett untersucht. Die ganzen Untersuchungen gingen sechs 6 Stunden, aber sie fanden keine körperliche Ursache. Meine Werte waren sehr gut und mir wurde mitgeteilt, dass mein Körper und mein Herz kerngesund waren. Dies erfreute mich natürlich sehr, aber trotzdem machte ich mir Sorgen über die Symptome, die ich spürte. Mir wurde von einer Ärztin mitgeteilt, dass es psychosomatische Hintergründe haben könnte.

Was war also das Thema? Warum musste ich das erleben?

Als ich mir diese Fragen genauer anschaute, erkannte ich, dass ich mich in einem Drama meines Egos befand, aber mir das Ganze nichts mehr brachte. Mein Körper zeigte mir also auf diese Art, dass ich einen Abschluss finden sollte. Es war ein Schrei nach Aufmerksamkeit, den ich von mir selbst erhalten hatte.

Mithilfe meines Coaches, aber auch mit meiner eigenen Kraft und meiner neuen Denkweise, die in der gemeinsamen Zeit so enorm weiterentwickelt war, löste ich dieses Drama auf und ließ es sukzessive los. Ich spürte, dass es mir von Tag zu Tag besser ging.

Langsam spürte ich, dass ich wieder gut und stabil alleine stehen konnte, und die Schmerzen ließen auch immer mehr nach, bis sie dann ganz verschwunden waren.

Aber einmal musste ich noch in die Tiefe, bevor es dann definitiv gut war und mich kein Sturm der Welt mehr umhauen sollte.

Es passierte wieder auf der Arbeit: Ich erlebte eine schlimme Panikattacke, bekam keine Luft mehr und konnte nicht mehr klar denken. Es war schon über ein Jahr her, dass ich das letzte Mal eine gehabt hatte. Erst verstand ich nicht, warum dies jetzt passiert, denn ich fühlte mich doch relativ gut. Durch meine neu erworbene Kraft brauchte ich in dieser Situation jedoch keinen Notarzt und bin durch Ruhe und Atemübungen aus der Panik herausgekommen. Ich musste mir jedoch eine kleine Auszeit nehmen, nach Hause gehen und mich ein paar Tage ausruhen. Durch ein Notfall-Coaching, Ruhe, Schlaf und Meditationen schaffte ich es, mich wieder auf Spur zu bringen.

Aber mir wurde bald klar, warum ich diese Situation erleben musste.

Diese Erfahrung brachte mir meinen männlichen Anteil zurück. Ich bin nach dieser Panikattacke so tief in mich und meine Seele reingegangen und fand meine Männlichkeit wieder, die ich bis dahin nicht akzeptieren wollte.

Ich habe es geschafft, mithilfe meines Coaches diesen Teil in mir zu integrieren und mein vollkommenes ICH zu erleben, im Einklang mit allen Teilen des Seins, im perfekten Miteinander meiner männlichen und weiblichen Anteile, meiner Lebenserfahrungen, meiner neuen Denkweise und all unserer Arbeit, die wir bis dahin mit viel Tränen und Schweiß hinter uns gebracht hatten.

Die Prüfung

Da es wieder zu einfach gewesen wäre, dass es das nun war, wartete natürlich die Prüfung im außen nicht lange auf sich. Ich wurde getestet, ob ich es wirklich integriert hatte und ich nun stabil genug war.

Ich dachte noch sehr oft an Jennifer, unsere Liebe, unsere schönen Momente und versuchte, ein letztes Mal meine Frau in mein Leben zurückzubekommen. Ich schrieb ihr einen langen Liebesbrief, in dem ich ihr nochmals meine Liebe gestand und ihr beschrieb, was alles passiert war, wie gut ich mich fühlte und was ich alles geändert hatte in meinem Leben.

Als ich fertig war, machte ich mich direkt auf den Weg zu ihr, um den Brief in den Briefkasten zu legen. Was aber auf dem Weg dahin passierte, damit hatte ich in keiner Millisekunde gerechnet.

Sie kam mir im Auto mit ihrer Affäre entgegen, mit dem Mann, für den sie mich verlassen hatte. Ich war so in meiner Mitte und so fest bei mir angekommen, dass ich nur kurz einen Schmerz spürte, mit dem ich aber sehr gut umgehen konnte. Den Brief habe ich selbstverständlich trotzdem in den Briefkasten gelegt und ihr noch eine Nachricht auf ihr Handy geschickt, dass es mich gefreut hatte, sie zu sehen. Natürlich kam keine Antwort darauf, aber auch das war völlig okay für mich.

Auch die Tage danach war ich bei mir selbst angekommen und merkte, dass ich es so ziemlich geschafft hatte. Ich ging regelmäßig und mit Freude meinem Job nach. Es ging mir dort sehr gut, weil ich super Chefs hatte und ein wundervolles Team von Mitarbeitern, die immer für mich da waren.

Die Zusammenarbeit mit meinem Coach haben wir nach neun Monaten eingestellt. Wir hatten eine sehr intensive Zeit hinter uns, die ich nicht missen möchte, denn sonst wäre ich heute nicht mehr da! Wir waren am Ziel angekommen und ich war stabil genug, um nun selbst das Leben zu meistern und wieder selbst durchstarten zu können.

Ich traute mich auch wieder, eine neue Frau kennenzulernen, aber ich merkte bald, dass ich noch nicht so weit war. Auch dies war aber auch wieder ein Schlüsselereignis für mich, denn ich konnte mich etwas mehr von meiner geliebten Jennifer lösen.

Tag X

Der Tag X kam. Jener Tag, an dem ich meinen definitiven Durchbruch in mein neues Leben erreichte und endlich wieder aufrecht stehen konnte und mein neues Leben leben und genießen konnte.

Es war der 23. Dezember 2019:

Mein bester Kumpel Joe sagte mir ein paar Tage vorher, dass er mit mir an diesem Abend was trinken gehen möchte, am Abend des 23. Dezember 2019.

Erst wollte ich nicht, aber er überredete mich mit dem Argument, nur ein, zwei Bier zu trinken, ein bisschen zu quatschen und dann wieder nach Hause zu gehen. Gesagt, getan, gingen wir um 19 Uhr in unseren Lieblingspub, tranken ein Bier und quatschten über Gott und die Welt. Es lief gute Musik und die Stimmung wurde immer besser und besser. Das Ganze eskalierte jedoch völlig, aber das war sehr gut so! Wir trafen tolle Mädels, quatschten, tranken noch mehr und hatten eine mega Party bis um 3 Uhr morgens.

Wir gingen aber allein nach Hause und das auch noch zu Fuß. Es war ein ganzes Stück, aber auch das war ein schöner Abschluss des tollen Abends. Am nächsten Tag erwachte ich mit einem Riesenkater, aber es hat so was von unendlich gutgetan, eine solche Party zu feiern und nach langer Zeit einen so tollen Abend zu erleben, an dem es nur schöne Momente gab.

Ich spürte, dass mein neues Leben angefangen hatte, dass ich wieder zurück im Leben war, und fing an, es in vollen Zügen zu genießen. Auch der Sport war zurück als wichtiger Punkt in meinem Alltag, ich ging wieder regelmäßig ins Fitnessstudio und stellte meine Ernährung um. Der Sport tat mir sehr gut und ich fühlte mich von Tag zu Tag besser. Die Coachings

Ein Burnout heißt nur, dass du zu lange deine Gefühle unterdrückt hast.

Michael Dettwiler

brauchte ich definitiv nicht mehr, denn ich stand wieder auf meinen eigenen Beinen und konnte das Leben wieder anfangen zu genießen. Ich dachte aber noch oft an die Video-Calls zurück, an all die Tipps und dass ich weiter an mir arbeiten musste, um das Level so halten zu können bzw. weiter zu erhöhen.

Nach einem coolen Trainingstag mit Joe, der auch mein Gym-Buddy ist, trafen wir beide eine Abmachung. Er wollte unbedingt wieder mal nach Prag fliegen und dort ein verlängertes Wochenende verbringen. Also beschlossen wir, am 28. Februar 2020 gemeinsam ein Wochenende nach Prag zu fliegen. Ich freute mich sehr auf diese Auszeit außerhalb meiner Heimat, um neue Eindrücke zu gewinnen und einfach mal rauszukommen und mal wieder auf Reisen zu sein.

Jedoch hatte ich noch etwas sehr Wichtiges im Kopf, das ich erledigen musste. Ich spürte das starke Verlangen, endlich mit Jennifer abzuschließen. Also schrieb ich ihr erneut einen Brief. Dieses Mal war es aber ein sehr langer Abschiedsbrief, in dem ich all meine Gefühle nochmals aufgeschrieben und mich für alles bedankt hatte, was gewesen war, und ich ihr für ihre Zukunft alles erdenklich Gute wünschte und hoffte, dass sie nun glücklich wird mit dem, was sie alles tut. Ich spürte, dass es nun an der Zeit war, sie loszulassen, damit sie und ich unseren eigenen Weg in unsere jeweilige Zukunft gehen konnten.

Abflug in ein neues Leben

Dann kam der 28. Februar 2020, und der Flug nach Prag stand vor der Tür. Ich hatte mich bewusst dazu entschlossen, den Brief an diesem Tag abzuschicken. Es war ein wundervolles und so unbeschreiblich befreiendes Gefühl für mich.

Nun hatte ich das Gefühl, die Reise zusammen mit Joe richtig genießen zu können und es als echten Neustart zu sehen.

Das Wochenende in Prag war und ist unvergesslich. Wir schauten uns die Stadt an, gingen in tolle Restaurants, machten uns neue Tattoos – um den Moment für ewig festzuhalten – und hatten in der Nacht vor der Abreise eine tolle Party mit super Leuten in einer top Location. Das Wochenende in Prag ist wirklich eine Story für sich. Wir hatten dort eine fantastische Zeit, die wir nie vergessen werden, und wir vereinbarten auch einen Kodex ‚Was in Prag passiert, bleibt in Prag und wird nicht veröffentlicht', außer dieses Foto. ☺

Es tat mir so unendlich gut und ich konnte wieder klar denken. Ich war wieder zu 100 % bei mir angekommen. Diese Zeit schenkte mir noch einen weiteren großen Wendepunkt in meinem Leben! Ich wusste nun auch, dass ich wieder meine Coachings aufbauen, dass ich wieder in der Öffentlichkeit präsent sein will und ich meine Geschichte mit Menschen teilen möchte.

Ich machte meine Ausbildungen in verschiedenen Schwerpunkten rund um das Thema Coaching weiter und fing an, mich in zusätzlichen Gebieten weiterzubilden. Ich begann, meine Berufung in vollen Zügen auszubauen und 24/7 leben zu dürfen. Beruflich und privat mein Wissen, meine Erfahrung und meine Denkweisen weiterzugeben und anderen Menschen so in ein schöneres Leben zu helfen.

Auch ein neues Zuhause suchte ich mir, denn ich brauchte einen neuen Raum, um mich zu entfalten. Mit dem Sport machte ich auch weiter, da es mir sehr guttat und auch ein optimaler Ausgleich zum Coachen ist.

Auch die Reisen wurden wieder ein fester Part in meinem neuen Leben. Wir flogen im Sommer 2020 wieder nach Prag und nach einer Nacht Zwischenstopp in der Schweiz verbrachten wir noch eine wundervolle Woche auf Mallorca.

Klar schufen wir auf unseren Reisen wieder bleibende Erinnerungen auf der Haut und im Herzen. In Prag machten wir uns ein neues Tattoo und auf Mallorca verbrachten wir viel Zeit am Strand, im Fitnessstudio und trafen auf der Insel auch Freunde von mir, die dort leben.

Da zum Thema Selbstliebe auch eigene Geschenke zählen, erfüllte ich mir zu meinem Geburtstag am 28. September endlich einen großen Traum und kaufte mir ein wunderschönes Cabrio. Da ich durch meine gute Arbeit auch mein Sparkonto wieder auffüllen konnte, war dies nun sorgenfrei möglich und ich hatte trotzdem noch einen Puffer für eventuelle Notfälle, die aber nicht mehr eintreffen sollten.

Es war ein wundervoller Sommer 2020!
Besser gesagt: 2020 war MEIN Jahr!
MEIN Comeback!

Seitdem wusste ich, dass ich Menschen, die Ähnliches durchlebt haben, einen Weg aufzeigen kann, wie sie es schaffen, da rauszukommen, ohne lange nach Wegen und Lösungen suchen zu müssen.

Ich wusste, dass ich ihnen beistehen und ihnen helfen kann, in ein neues, erfülltes Leben zu kommen, so wie ich es geschafft habe.

So kam es, dass ich ein neues, einzigartiges Coaching auf die Beine stellte, um Menschen in allen Lebenslagen abzuholen und sie in ein erfülltes und glückliches Leben zu führen, so wie ich es gemacht habe.

So, nun kennst du die ganze Geschichte!

Es war ein harter Weg, aber es hat mich so viel weitergebracht in meinem Leben. Ich bin heute sehr stolz auf mich und bin unendlich dankbar, dass ich dies alles erleben durfte und überstanden habe.

Solltest du in einer ähnlichen Situation stecken, dann hab den Mut und nimm meine ausgestreckte Hand. Ich werde dir helfen, diesen Weg zu beschreiten, und ihn mit dir zusammen gehen. Ich werde dir nichts zeigen und dir nichts beibringen, was ich nicht selbst erlebt habe und mich zu meinem persönlichen Erfolg geführt hat, das garantiere ich dir.

Ich danke dir von Herzen, dass du meine Geschichte gelesen hast. Vielleicht erkennst du dich ja wieder im einen oder anderen Punkt und merkst, okay, es gibt noch jemanden, der es geschafft hat, aus der ganzen Sache rauszukommen, und sich ein neues, besseres und schöneres Leben aufgebaut hat.

Nun freue ich mich von dir zu hören und bin bereit, dich

zu coachen auf deinem Weg in ein neues, traumhaftes und wunderschönes Leben, nach deinen Wünschen und Vorstellungen.

In tiefer Dankbarkeit und Seelenfrieden
Dein Coach Michael

Danksagung

Als Erstes möchte ich meiner geliebten Tochter Shayenne von Herzen Danke sagen, dass ich in diesem Leben dein Papa sein darf und ich dich von ganzem Herzen liebe.

Ich danke dir Pit alias Joe für unsere jahrelange Freundschaft.

Ich danke dir, meiner zweiten großen Liebe alias Jennifer, dass du mir diese wundervolle und sehr erfahrungsreiche Zeit mit dir geschenkt hast und ich danach ein komplett neues Leben für mich aufbauen durfte.

Ich danke dir, liebe Karin, dass du uns eine so wundervolle und großartige Tochter geschenkt hast.

Liebe Nicole, danke für deine Inputs und triggern beim Schreiben.

Natürlich geht auch ein riesengroßes Danke an mein geliebtes Bruderherz Matthias.

Und an dieser Stelle möchte ich dir, lieber Leser, liebe Leserin, von Herzen danken, dass du mein Buch gelesen hast und hoffentlich viel Inspiration für dein Leben gefunden hast.

Ich bin Michael Dettwiler und bin Mentalcoach für Männer nach der Methode von Michael Dettwiler.

In meinen Coachings verwende ich diverse und sehr effiziente Techniken aus dem Mentalcoaching, NLP-Master-Practitioner-Coaching, NLP-Hypnose-Coaching und noch andere erlernte Techniken, die ich in meiner Lebenszeit selbst erlernt habe und die mich zum Erfolg brachten in meiner persönlichen Entwicklung.

Dies ermöglicht es mir, dich in deine wahre Männlichkeit zurückzuführen, damit du nun ein Krieger des Herzens werden kannst.

Mithilfe meiner über 40-jährigen und sehr tiefgründigen Lebenserfahrung sowie verschiedenen Ausbildungen habe ich ein innovatives und großartiges Mentalcoaching-Programm entwickelt.

Dies hilft dir, deine wahre Persönlichkeit und Selbstliebe wiederzuerlangen und somit deine wirklichen Fähigkeiten zu entdecken, entwickeln und erweitern für eine neue und schönere Lebensperspektive.

Dies ist ein Geschenk an deine großartige Persönlichkeit und an dein Leben.

Das ist eine Erfahrung, die du bei niemandem sonst erleben kannst. Du wirst deine maskuline und feminine Seite neu erleben und Probleme, ob private oder bei der Arbeit, neu anpacken und lösen können. Gemeinsam arbeiten wir an deiner persönlichen Entwicklung.

Hierzu biete ich dir die Möglichkeit via Zoomcall für 3, 6 oder 9 Monate im 1:1-Coaching.

Wir machen erst ein Vorgespräch, um die Dauer des Coachings zu klären und ob eine Zusammenarbeit überhaupt infrage kommt. Danach werden wir uns einmal in der Woche online im Zoom treffen und mittels meiner erlernten Techniken deine Probleme und Blockaden lösen.

Ich freue mich dich persönlich kennenlernen zu dürfen.
Dein Coach Michael

Dein Vater war vielleicht ein Held für dich oder auch nicht, lebe ab jetzt dein Leben und lerne dich selbst zu lieben.

Danksagung

Peter Bürger danke ich für das, was weit über Theorie hinausging: eine Schule des Denkens, die nicht nur schärfte, sondern auch weckte. Seine Gedanken zur Avantgarde und zur Verantwortung der Wissenschaft waren nicht bloß Anregung, sondern geistige Orientierung – leise, aber verlässlich.

Karin ist der Mittelpunkt meines Lebens. Ihr Vertrauen, ihre Stärke und die Selbstverständlichkeit, mit der sie das Gemeinsame trägt, geben allem, was ich tue, Halt. Nicht dieses Buch allein, sondern das Leben selbst verdankt sich ihrer Gegenwart.

Ich erinnere meinen Freund Uwe B. Unsere Gespräche lebten oft vom Schweigen dazwischen. Die gemeinsamen Schachabende – ruhig, konzentriert, frei von jeder Pose – waren Ausdruck einer Freundschaft, die keiner großen Worte bedurfte.

Dieses Buch widme ich in tiefer Dankbarkeit meinen Eltern. Ihr Leben, geprägt von Entbehrung, war mir stets ein Beispiel gelebter Würde. Aus dem, was wenig war, machten sie viel – und lehrten mich das Maß der Dinge: Beharrlichkeit, Würde und die Kraft des Einfachen.